AF371220

RÉGLEMENT

ET TABLEAU

DE LA LOGE

LE PARFAIT SILENCE,

DU RITE ÉCOSSAIS ET DU RITE FRANÇAIS,

CONSTITUÉE A LYON EN L'AN 5763.

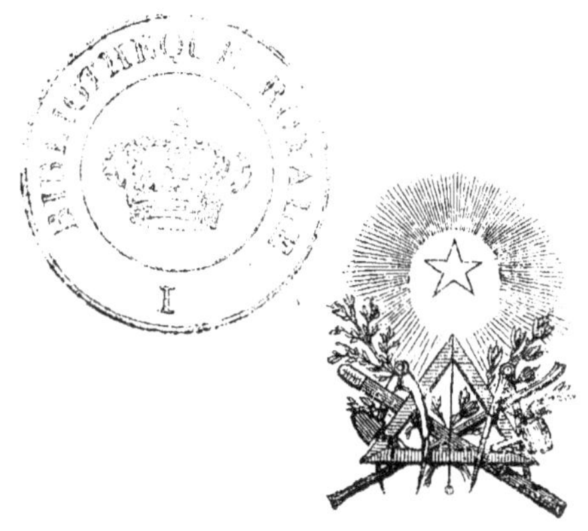

LYON.

IMPRIMERIE DE BOURSY FILS,

Rue de la Poulaillerie, 19.

—

1846.

RÉGLEMENT.

CHAPITRE PREMIER.

Constitution.

ARTICLE PREMIER. La Loge maçonnique régulièrement constituée au rite français et au rite écossais, sous l'obédience du Grand-Orient de France, à l'Orient de Lyon, le 5 avril 5763, sous le vocable de *Parfait Silence,* est perpétuée par ses membres actifs et honoraires, dont les noms sont inscrits sur un tableau annuel.

ART. 2. Cette Loge a pour but l'exercice et la propagation de la véritable doctrine maçonnique ainsi formulée :

DOGMES RELIGIEUX.

Existence de Dieu, immortalité de l'Ame, liberté des cultes.

PRINCIPES PHILOSOPHIQUES.

Liberté, égalité, humanité.

MORALE.

Aimer son semblable comme soi-même.

CHAPITRE II.

Des droits maçonniques.

Art. 3. Tous les membres de la Loge sont égaux en droits lorsqu'ils possèdent le grade de Maître. Les Maîtres seuls sont aptes aux offices de la Loge.

CHAPITRE III.

Composition de la Loge.

Art. 4. La Loge *le Parfait Silence* se compose des ateliers dits *symboliques*, des ateliers dits *capitulaires* et d'un conseil d'*Elus kadosch* ou 30ᵉ degré.

Art. 5. Les ateliers appelés *symboliques*, ceux appelés *capitulaires*, et le *conseil de kadosch* sont indépendants les uns des autres en ce qui concerne leurs travaux respectifs. Mais toute mesure générale ou particulière qui engagerait la Loge ne peut être régulièrement prise qu'en séance générale, au premier grade, sous la présidence du Vénérable.

Art. 6. Les membres du *Parfait Silence* sont actifs, honoraires ou affiliés libres.

Art. 7. Sont membres actifs les Maçons initiés, affiliés ou régularisés par la Loge. Seuls ils en supportent les charges, et forment son corps directeur, administratif et juridique.

Art. 8. Sont membres honoraires: 1° les Maçons *réguliers* ou *actifs* auxquels la Loge a accordé ou accorde ce

titre en récompense de services rendus à l'Ordre, à la
Loge ou à des Maçons ; 2° ceux qui ont payé leur cotisation ou annuité pendant vingt années consécutives ; 3°
les membres des autres Loges régulières , reçus à titre
rémunératoire , soit au grade de Rose-Croix (18ᵉ) , soit
à celui de Kadosch (30ᵉ), composant ladite Loge.

ART. 9. Sont affiliés libres : 1° les frères étrangers ou
voyageurs initiés par la Loge, et porteurs d'un congé
régulièrement délivré par elle ; 2° les membres démis-
sionnaires pour cause d'absence définitive de l'Orient,
inscrits ou maintenus sur le tableau en cette qualité par
une décision formelle ; 3° les représentants du *Parfait
Silence* auprès d'une Loge régulière de la correspondance. Dans ce dernier cas, le titre d'affilié libre se
perd avec celui de représentant.

ART. 10. Les membres honoraires et affiliés libres ne
payent aucune cotisation annuelle. Ils sont invités aux
tenues générales ; ils ont voix consultative, et siégent à
l'orient.

ART. 11. Les membres honoraires qui ont acquis ce
titre par le paiement d'une cotisation annuelle pendant
vingt ans consécutifs conservent seuls les prérogatives
attachées au titre de membre actif.

CHAPITRE IV.

De la cotisation.

ART. 12. La cotisation ou annuité de chaque membre
actif est de 30 fr., payable tous les six mois entre les
mains et par les soins du trésorier de la Loge.

Art. 13. En cas d'insuffisance du produit de la cotisation pour couvrir les dépenses ordinaires de la Loge, l'excédant de ces dépenses sera couvert par une égale répartition entre tous ses membres actifs.

Art. 14. Si l'un des membres de la Loge refuse de payer, soit la cotisation, soit le surplus dont il est parlé en l'article 13, immédiatement après le rapport du F.·. trésorier, il lui sera fait application des dispositions pénales des statuts généraux.

CHAPITRE V.

Conditions d'admission.

Art. 15. Les membres du *Parfait Silence* contractent mutuellement l'obligation de n'admettre parmi eux aucun profane, ni Maçon, s'il n'a 18 ans accomplis; s'il n'est probe et honnête; s'il n'est de mœurs pures; s'il n'exerce une profession honorable et indépendante; s'il ne jouit d'une réputation intacte; s'il n'a l'instruction nécessaire, non seulement pour parvenir à la connaissance des vérités philosophiques qui sont le but de la Maçonnerie, mais encore pour contribuer par un concours efficace à leur propagation par l'enseignement, l'exemple de ses vertus, et par des moyens pécuniaires.

Art. 16. L'admission ne pourra avoir lieu, soit par initiation, soit par affiliation, que sauf les conditions suivantes :

§ Ier. L'Apprenti verse, le jour de son initiation, dans la caisse générale de la Loge la somme de soixante et dix francs, dans la caisse de bienfaisance au moins la somme

de dix francs; il gratifie le F.·. servant d'une somme
de dix francs.

§ II. Dans l'initiation à chacun des deux autres grades
symboliques, le récipiendaire versera dans la caisse générale de la Loge la somme de vingt-cinq francs, dans
celle de bienfaisance la somme de dix francs, et il grati-
fiera le F.·. servant d'une somme de cinq francs.

ART. 17. Le certificat d'initiation au grade d'Apprenti
et à celui de Compagnon se délivrera gratuitement; le
coût du diplôme de Maître est fixé à cinq francs.

ART. 18. Tout candidat à l'initiation doit faire pré-
senter par un membre de la Loge sa demande écrite et
signée de sa main.

Le présentateur, dans un bulletin également signé,
indique les nom et prénoms du candidat, sa profession,
le lieu et la date précise de sa naissance.

ART. 19. Le bulletin renfermant la demande est déposé cacheté dans le sac des propositions, ou il est
adressé au Vénérable, qui en donne connaissance à la
Loge sans nommer le présentateur. Le Vénérable nomme
aussitôt une commission secrète de trois membres pour
prendre, individuellement et sans communication entre
eux, des renseignements sur la moralité et sur la posi-
tion sociale du candidat.

ART. 20. Pendant le temps (quinze jours au moins)
qui s'écoulera entre l'admission ou le rejet de la demande, et nulle dérogation à ce délai ne pourra avoir
lieu pour cause d'urgence, l'original de cette demande
restera fixé, dans le porche du temple, au tableau des
Présentations. De plus, une circulaire spéciale sera

adressée à tous les membres de la Loge pour leur faire connaître la présentation.

Art. 21. Si, sur les rapports distincts et nécessairement secrets des membres de la commission, adressés au Vénérable, deux sont défavorables, la demande sera par ses soins retirée du tableau des présentations et ne pourra plus être reproduite.

Art. 22. La demande étant agréée, elle sera soumise au scrutin dans la plus prochaine séance.

Si le scrutin est favorable, la Loge fixe immédiatement le jour de l'épreuve écrite.

Le Vénérable en instruit officiellement le présentateur, qui dès-lors fait connaître au candidat les obligations générales imposées par le réglement.

Art. 23. L'épreuve écrite consiste à traiter, avec des développements convenables, une ou plusieurs questions de morale ou de philosophie.

Art. 24. La Loge se réserve le droit d'appeler dans son sein, à titre honoraire ou rémunératoire, le profane qui aura mérité le titre de Maçon par des œuvres philanthropiques ou des actions d'éclat dignes d'éloge. La demande en initiation pour ce profane sera, dans tous les cas, soumise aux formalités en usage pour les demandes ordinaires en initiation.

Art. 25. L'admission à un grade supérieur à celui d'Apprenti pourra avoir lieu à titre rémunératoire, pour services rendus à la Loge par des artistes, pour actes de dévouement à l'humanité, et pour preuve de zèle, d'activité et de dévouement dans l'exercice des devoirs maçonniques.

Art. 26. Deux modes sont admis pour l'obtention des grades de Compagnon et de Maître :

1° La demande directe faite à la Loge par le candidat; dans ce cas, la Loge examine si la demande est fondée et décide à la majorité absolue si elle doit y faire droit.

2° L'appel libre et spontané fait par l'atelier de maîtres à ceux de compagnons et d'apprentis pour l'initiation de l'un ou de plusieurs de leurs membres à titre rémunératoire.

Art. 27. Dans le premier mode, les formalités d'épreuve écrite et de scrutin, déterminées pour l'admission au premier grade, seront rigoureusement observées.

Dans le deuxième mode, la réception aura lieu sans aucune formalité préliminaire.

Art. 28. Nul ne pourra être créé Compagnon avant six mois écoulés, à dater du jour de sa réception au grade d'Apprenti.

Nul ne pourra être créé Maître avant six mois écoulés, à dater du jour de sa promotion au grade de Compagnon.

Cependant, sur la demande motivée d'un Apprenti ou d'un Compagnon, et appuyée par trois Maîtres, la Loge, en assemblée de Maîtres, pourra, si pendant son noviciat il a donné des preuves d'instruction, de zèle et de dévouement, lui accorder le grade sollicité, en se dispensant du terme de six mois. La décision devra être prise au scrutin secret, à la majorité des deux tiers des boules blanches.

Dans ce cas, les dispositions des articles 16 et suivant recevront leur entière exécution.

Art. 29. Les premier, deuxième et troisième grades seront toujours conférés avec grande solennité.

Dans aucun cas il ne pourra être procédé à des réceptions collectives au grade d'Apprenti. Toutes les mesures prescrites pour l'initiation, ainsi que pour la collation des grades de Compagnon et de Maître, seront rigoureusement observées.

Art. 30. Les demandes en affiliation et en régularisation seront soumises aux formalités prescrites dans l'article 18 du présent réglement.

Art. 31. Les membres affiliés et régularisés ne pourront être revêtus d'aucun emploi qu'après un an, à dater du jour de leur admission.

Art. 32. Tout membre nouvellement admis, soit par initiation, affiliation ou régularisation, payera sa cotisation annuelle de trente francs, à partir du trimestre dans lequel son admission a eu lieu.

CHAPITRE VI.

Des Récompenses et des Concours.

Art. 33. La Loge décerne des récompenses à ceux qui, par des actions d'un dévouement notoire et d'un grand courage, honorent la société maçonnique en particulier et l'humanité. La médaille dite d'honneur frappée à son type particulier représentera cette récompense.

Art. 34. La médaille sera accompagnée d'un parchemin aux emblèmes du *Parfait Silence* énonçant les motifs qui auront déterminé la Loge à l'accorder. Ce parchemin portera un numéro d'ordre.

Art. 35. Toute demande en délivrance de la médaille, toute déclaration d'une action d'éclat qui aura paru la mériter, devra être faite par trois membres actifs de la Loge. Cette demande sera lue dans une tenue générale, après avoir été mentionnée dans les lettres de convocation. Elles sera soumise aux formalités d'usage dans les autres questions, et ne pourra être toutefois adoptée qu'à la majorité des deux tiers des membres présents et au scrutin secret.

Art. 36. La médaille sera décernée dans une séance solennelle, et autant que possible le jour de la célébration de la fête de l'Ordre.

Art. 37. Le tas, la matrice, la virole ainsi que les exemplaires de la médaille qui auraient été frappés d'avance, seront déposés dans une case spéciale des archives de la Loge.

Art. 38. Lorsqu'elle le croit opportun, la Loge met au concours les questions dont l'utilité lui est démontrée ; elle fixe pour le lauréat le prix qu'elle juge convenable.

Art. 39. Dans le cas où la question n'aurait pas été traitée d'une manière convenable, le prix serait ajourné.

CHAPITRE VII.

Des Rapports de la Loge et de ses membres avec les autres Loges
et leurs membres.

Art. 40. Lorsque *le Parfait Silence* aura reçu d'une Loge de la correspondance une invitation à une fête maçonnique, elle choisira dans son sein, si elle le juge à propos, une députation de trois membres au moins qui devra assister à cette fête, et dont l'un sera chargé de porter la parole et de faire ensuite un rapport.

Art. 41. Si cette visite a lieu dans un Orient autre que celui de Lyon, et nécessite l'absence pendant plusieurs jours des membres de la députation, la Loge devra les indemniser des frais de déplacement, si elle le juge opportun.

Art. 42. Tout membre du *Parfait Silence* qui portera la parole dans une autre Loge devra se renfermer dans la doctrine placée en tête de ce réglement. La Loge ne sera, dans aucun cas, responsable des discours de ses membres pris individuellement.

CHAPITRE VIII.

Dispositions générales.

Art. 43. Lorsqu'un membre de la Loge désire cesser d'en faire partie, il lui adresse par écrit sa demande d'*exeat*, avec la quittance du semestre commencé. Le président, après avoir donné lecture de cette demande dans la plus prochaine séance, nomme une commission de trois membres, qui se rend auprès du démissionnaire et s'informe des motifs qui l'obligent à se retirer. Cette commission fait son rapport dans la quinzaine, et la Loge statue sur ses conclusions.

Art. 44. Lorsqu'un membre désire obtenir un congé ou devenir affilié libre pour cause d'absence de l'Orient, il adresse sa demande à la Loge, qui apprécie les motifs allégués et statue.

Art. 45. Si un membre du *Parfait Silence* prend

des grades maçonniques dans une autre Loge, ou s'il y accepte un emploi quelconque sans y avoir été autorisé, il est considéré comme démissionnaire, et cesse de faire partie de la société, envers laquelle il doit, dans ce cas, se libérer dans la huitaine.

Art. 46. Lors du décès de l'un de ses membres, la Loge tout entière est convoquée pour assister aux funérailles du défunt. Le Vénérable, usant, dans ce cas, de son pouvoir discrétionnaire, désigne cinq membres pour faire partie du convoi jusqu'au cimetière.

Art. 47. Lorsque le Vénérable apprend qu'un membre de la Loge est retenu chez lui par une maladie grave, il en informe le F.·. hospitalier et désigne deux autres FF.·. qui devront se joindre à celui-ci pour faire une visite au malade. Cette commission rendra compte de sa démarche à la Loge dans la plus prochaine séance.

Art. 48. La Loge fera, dans le plus bref délai, l'achat d'un meuble convenable pour contenir ses archives et tous les objets concernant la médaille d'honneur dont il est parlé en l'article 37 du présent réglement. Ce meuble sera placé dans un endroit convenable du local de la Loge, et il ne pourra être déplacé sous aucun prétexte, à moins de déménagement. Dans ce dernier cas, il devra trouver une place spéciale dans le nouveau local.

Ce meuble sera fermé par une serrure ayant deux clefs; l'une sera remise au Vénérable et l'autre au F.·. archiviste.

Art. 49. Le meuble contiendra un livre spécial sur lequel seront inscrits: 1° l'inventaire de tous les objets qui y seront renfermés; 2° les noms de tous ceux qui auront été autorisés à faire des recherches dans les archives. Lorsqu'un objet aura été déplacé pour quelque temps, le détenteur de cet objet devra le mentionner sur ledit livre et y apposer sa signature.

Art. 50. Toutes les années, un mois avant les élections, la Loge nommera une commission pour vérifier les objets inventoriés, et fera son rapport dans la huitième.

Art. 51. Toutes les fois que la société est convoquée, soit en assemblée générale, soit en réunion particulière, les membres sont tenus, en arrivant, d'inscrire leur nom sur un registre de présence déposé à cet effet dans le porche.

Nul visiteur ne peut être admis aux travaux, s'il n'a au préalable inscrit son nom, celui de la Loge à laquelle il appartient, et ses qualités maçonniques sur le livre de présence à ce destiné.

Art. 52. Les cas non prévus par ce réglement particulier seront soumis aux réglements généraux de l'Ordre.

Art. 53. La caisse de prévoyance, n'ayant pu fonctionner, est momentanément suspendue.

Art. 54. Les ateliers dits capitulaires et philosophiques seront régis par des dispositions particulières qui ne pourront toutefois être en opposition avec le réglement de la Loge.

Art. 55. Les décisions et les réglements antérieurs non maintenus ou contraires aux dispositions précédentes sont et demeurent abrogées.

Art. 56. Le présent réglement sera mis à exécution à dater de ce jour et valable pendant cinq années consécutives.

Ainsi fait et délibéré, à Lyon, dans la séance du 6 mai 5846.

Signé : C. BERTHOLON, *Vén.˙. ;*
H. VIVIER, 1ᵉʳ *Surv.˙. ;*
J. BLANC, 2ᵉ *Surv.˙. ;*
LABLATINIÈRE, *Or.˙.*

Par mandement de la Loge :
Le Secrétaire,
Signé : J. CHERPIN.

Timbré et scellé par le Garde des Timbres et Sceaux,

Signé : H. BRUNET.

TABLEAU
DES MEMBRES TITULAIRES

DE LA LOGE

LE PARFAIT SILENCE.

MM.

Arquillère fils (Charles), négociant.
Armant (Étienne), horticulteur.
Audouard (Alphonse).
Arquillière (Jean-Louis), commis-négociant.
Achard (Marcus-Antoine), négociant à Leipzig.
Bozonnet (Auguste), négociant.
Bouvier (Maurice), négociant.
Besson (Jean-Auguste), garde du génie.
Bois (Louis), négociant.
Bacot (Jean-Baptiste), avocat.
Bertholon (César), propriétaire, à Ternay (Isère).
Bloin (Mathurin), maître menuisier.
Brunier (Pierre-Paul), licencié en droit.
Blanc (Joseph-Marie), avoué.
Blanc (Joseph-Antoine), négociant.
Buget (Pierre-Marie-Félix), licencié en droit.
Béranger, négociant, aux Brotteaux.
Brossard (Jean-Pierre), maître serrurier.
Berger (Claude-Antoine-Joseph), limonadier.
Buys (Jean-Marie), négociant.
Carle (Louis), lampiste.
Charvet (Joseph-Marie), teinturier.
Catel (Jean-Marie), légiste.
Chabaud (Jean-Baptiste), rentier.
Clémençon, docteur-médecin, aux Brotteaux.

MM.

Chevassus (Éléonore), négociant, à Paris.
Chevalier (Louis), rentier.
Cherpin (Joannes), homme de lettres.
Chamerat (Antoine-Adolphe), rentier.
Coudurier, restaurateur.
Choulet (Louis), ébéniste.
Coquais (Jean-Jules), commis-négociant.
Devaux (Jean-Pierre), rentier.
Deladure (Adrien), (en congé).
Dumas (Jean-Pierre), négociant.
Fréval (François-Marie), limonadier.
Favre (Ennemond), rentier.
Guilloud (Antoine), rentier.
Guichanet (Alexandre), docteur-médecin.
Giniez (Étienne), arbitre de commerce.
Gonnet (Jean-François-Marie), teneur de livres.
Guinon (Nicolas-Philibert), teinturier.
Guillermet (Joseph), rentier.
Jomain (Jean-Marie-Michel), négociant.
Koll (Christophe), négociant.
Lablatinière, avocat.
Mandier (Pierre-Philippe), teneur de livres.
Morel (Nicolas), négociant.
Morel (Jean), négociant.
Morel (Marin), négociant.
Morey (de) (David-Marie), négociant.
Martel (Joachim), négociant.
Mouron (René), rentier.
Malibran (Claude-Marie-Louis), docteur-médecin, à Saint-Rambert.
Monnet (Balthazar), négociant.
Mémo (Fleury), agent général de la Caisse d'épargne.
Martin (Claude), négociant à Paris.
Martin (Jean-Joseph), marchand-tailleur.
Mauduit-Larive (Achille), homme de lettres.
Ollat (Jean-Louis), employé à l'octroi.
Pailleron (Pierre), avoué.

MM.

Prémilleux (Jules-Victor), avocat.
Pinchon (Christian), entrepreneur de bâtiments.
Pichard (Auguste), négociant.
Raullin (Pierre-Auguste), garde du génie.
Redort (Julien-Baptiste), fabricant de chaises.
Rigal, entrepreneur de bâtiments.
Rivoire, apprêteur.
Suc (Jacques-Charles), rentier.
Thimonnier (Jean-Baptiste-Anne), huissier.
Thierry de Rambaud (Christophe-Adolphe), directeur de compagnie d'assurance.
Véricel (Antoine-Jules), avoué à la cour royale.
Védrenne (Baptiste), marchand chapelier.
Vitel, négociant, rue du Bât-d'Argent.
Vivier (Henri), négociant.
Vérat (Gaspard-Auguste), limonadier.

MEMBRES HONORAIRES.

MM.

Arquillière (Claude-Pascal), négociant.
Brunet (Horace), typographe.
Cherblanc (Louis), premier violon au Grand-Théâtre.
Deperret-Muret, rentier.
Gastine (Auguste-Etienne), directeur de l'Entrepôt des liquides.
Hainl (George), chef d'orchestre du Grand-Théâtre.
Pinet (Nicolas), rentier, de Bourgoin (Isère).
Pfeiffer (Henri), rentier.
Rousset (François), rentier.
Zintler (Louis), rentier.